Leserabe

1 3 5 4 2

Ravensburger Leserabe
Diese Ausgabe enthält die Bände
„Der kleine Tiger findet einen Freund" von Silke Voigt
mit Illustrationen der Autorin,
„Ein Zebra auf dem Ponyhof" von Judith Allert
mit Illustrationen von Melanie Garanin,
„Der Familienhund" von Henriette Wich
mit Illustrationen von Betina Gotzen-Beek.
© 2003, 2013

© 2021 Ravensburger Verlag GmbH
Postfach 2460, 88194 Ravensburg
für die vorliegende Ausgabe

Umschlagbild: Sabine Rothmund
Printed in Germany

ISBN 978-3-473-46070-0

www.ravensburger.de
www.leserabe.de

alle **3** **Lesestufen**

Silke Voigt • Judith Allert
Henriette Wich

Das große Leserabe
Leselernbuch
Tiergeschichten

Mit Bildern von Silke Voigt,
Melanie Garanin und Betina Gotzen-Beck

Ravensburger

Inhalt

Vor-
Lesestufe

Silke Voigt

Der kleine Tiger findet einen Freund

Mit Bildern der Autorin

Das ist der kleine  .

Er heißt Ben  und wohnt

mit seiner Mama

in einem  im  .

 will spielen.

Aber  hat keine Lust.

 liegt in der

und blinzelt mit einem 👁 .

 tapst durch den 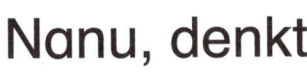.

Nanu, denkt ,

die  vom  ist offen!

 schaut zu seiner .

 hat die  zu.

11

Hops!  springt

aus dem  .

 läuft über die

auf den .

Vorbei an einer  ,

einem  und einer  ,

bis zu einem anderen  .

Hier wohnen die  .

 schaut neugierig durch das  .

Er entdeckt   .

Die  spielen miteinander.

 möchte mitspielen.

Aber die  zwicken

nur in den  und rufen:

„Geh weg, du

Du hast  auf deinem !

Du passt nicht zu uns."

Enttäuscht geht  weiter.

 kommt zu den  .

Er freut sich, denn die

haben auch  !

 klettert auf den  .

Aber die  laufen davon.

Das versteht  nicht.

Ein  pfeift vom  :

„Die  haben Angst!

Vor deinen spitzen 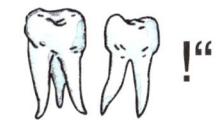 !"

Traurig springt  ins  .

 geht weiter.

Er kommt zu einem

mit  und einem  .

Darin baden dicke  .

Auf dem  liegt ein

in der  .

„Die haben aber große 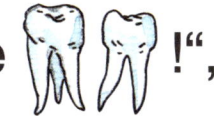 !",

staunt  .

„Ihr habt bestimmt keine Angst

vor meinen  !"

 klettert auf den .

Huch, ist der glatt!

Plumps.  fällt ins .

Schnell paddelt er zum

und klettert hinauf.

Jetzt ist sein  klatschnass.

„Der ist ja wasserscheu!",

rufen die  .

 kommt zu den  .

Da stehen  graue  .

Mit ihren langen

schlürfen sie

aus dem  .

 macht es den  nach.

„Pfui!", prustet  beleidigt.

Nun hat er  und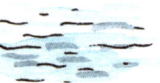

in der 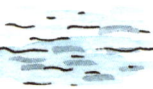 .

Vom 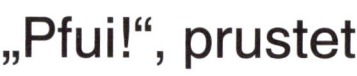 hat er jetzt genug!

Nanu, denkt 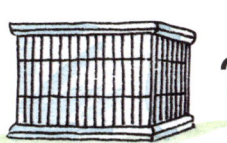, wer wohnt

in so einem hohen 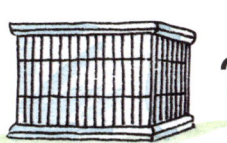 ?

Ach so, die

mit ihren langen  .

 schaut hinauf.

So hoch kommt man nur

mit der  von der  !

Die  knabbern

von den hohen  .

Sie beachten  gar nicht.

So viele langweilige  !

Enttäuscht trottet  weiter.

Da landet ein

auf der 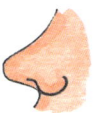 von  .

„Hatschi!", niest  .

Der 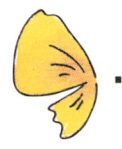 hat gelbe  .

„Wer bist denn du?", fragt  .

„Ich bin ein  -Falter",

flüstert der  .

sagt: „Oh,

du kannst  falten? Toll!"

„Spielst du mit mir?", fragt  .

„Ja", sagt der  . „Fang mich!"

Schon flattert der  -Falter

flink über die  zum  .

Vom  auf die  .

Dann in den

und schließlich in den  .

 springt dem  hinterher.

 guckt in die

und läuft gegen eine  .

„Blöde  ! Das gibt eine  ",

jammert  .

„Hihihi!", lacht der

und fliegt hinauf zur  .

Traurig schaut

dem  nach.

Niemand spielt mit .

Armer !

Sein tut weh,

die auch.

will zu seiner .

Müde tapst

durch den  .

Er kommt zu einem  .

In den  hängen  .

Das ist das  .

Hier sitzen Tante Olga

und Julia  an einem

und essen heiße

mit   und  .

 hat einen braunen  an.

Einen braunen  mit  .

Der  sieht fast aus

wie das  von einem  .

Das findet  auch.

Er denkt sofort an seine

und springt 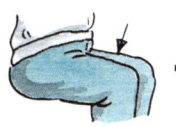 auf den  .

„Ein  !", ruft  entsetzt.

Sie lässt ihre   fallen

und schreit: „Hilfe, ein  !"

Der  fällt um.

 und  purzeln

unter den  .

 ruft:

„Oh, was für ein süßer  !

So ein kuscheliges

mit so schönen  !"

 nimmt  auf den  .

 steht auf und klopft sich

den  vom  .

„Darf ich den  behalten?",

bettelt  .

„Oh nein!", ruft  .

„Ein  wird so groß

wie ein  .

Der  bleibt hier im ZOO !

Wir bringen ihn zum  !"

 hält fest im .

 hat keine Angst.

Es ist schön bei  .

 deckt  vorsichtig

mit ihrer  zu.

Dann bringen  und

zum . Direktor

Als endlich wieder

bei seiner ist,

verspricht ihm

morgen wiederzukommen.

 streichelt und sagt:

„Lass uns  werden!"

 nickt müde,

dann fallen ihm die  zu.

Die Wörter zu den Bildern

Ben

Tiger

Mama

Käfig

Zoo

Sonne

Auge

Tür

Augen

Wiese

Weg

Mauer

Papierkorb

Bank

Leoparden

Gitter

Zwei

Schwanz

Leopardenkinder

Schwimmbecken

Streifen

Wasser

Fell

Felsen

Zebras

Seelöwen

Zaun

Seelöwe

Spatz

Elefanten

Ast

Drei

Zähne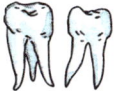

Riesen

Gras

Wassergraben

Rüssel

Nase

Sand

Giraffen

Hälse

Leiter

Feuerwehr

Blätter

Bäume

Beine

Schmetterling

Flügel

Zitronen

Baum

Himmel

Wolken

Laterne

Beule

Kopf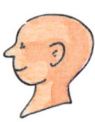

Pfoten

Äste

Lichterketten

Zoocafé

Tante Olga

Julia

Tisch

Waffeln

Sahne

Kirschen

Mantel

Schoß

Tasse

Stuhl

Arm

Po

Auto

Direktor

Jacke

Freunde

45

1. Lesestufe

Judith Allert

Ein Zebra auf dem Ponyhof

Mit Bildern von Melanie Garanin

Ein neuer Freund

Emma und Jule
machen einen Ausritt
auf ihren Ponys
Biene und Flocke.

Im Galopp geht es
einen Feldweg entlang.
Wie im Flug springen sie über
einen umgestürzten Baum.

Neben dem Bach
machen die vier ein Picknick.

Die Ponys bekommen Möhren
und für die Mädchen
gibt es Kuchen.

„Hörst du das?",
fragt Emma plötzlich.

Die Pferde schlagen
unruhig mit dem Schweif.
Etwas raschelt im Gebüsch!
Die Mädchen halten die Luft an.

„Schau mal!", flüstert Jule.
Im Moos hat sie
seltsame Spuren entdeckt.

Emma schiebt
die Zweige beiseite und
lugt vorsichtig dahinter.

In den Büschen steht ein Tier!

Sein Fell ist schwarz-weiß gestreift.

Die Freundinnen sind baff.

Ein echtes Zebra!

Ängstlich legt das Zebra
die Ohren an.
„Wir tun dir nichts",
flüstert Emma.

Tatsächlich kommt das Tier
aus dem Gebüsch.
Schritt für Schritt, ganz langsam.

Neugierig beschnuppern
Biene und Flocke das Zebra.

Ob sie sich vertragen?

Schon stupst Biene
das Zebra freundlich an.

„Seid ihr jetzt Freunde?"
Jule grinst erleichtert.

Emma streichelt das Zebra.

„Du blutest ja!", ruft sie.

Jule säubert die Wunde mit Wasser.

Ihr rotes Halstuch

wird zum Verband.

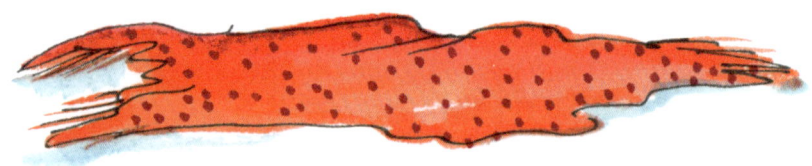

„Es braucht einen Namen",
findet Emma.

Das Zebra knabbert neugierig
an Jules Pulli.

„Wie wäre es mit Lotte?",
schlägt sie vor.
„Die freche Lotte!", lacht Emma.
„Das passt!"

Aufregung im Reitstall

Im Reitstall
ist die Aufregung groß,
als Emma und Jule
ein Zebra mitbringen.

Die Reitlehrerin ruft gleich
den Tierarzt.
Sicher ist sicher.
„Ihr habt genau
das Richtige gemacht",
lobt der Tierarzt die Mädchen.

Natürlich ist Lotte
die Sensation im Stall.
Jeder will sie streicheln
und ein Foto machen.

Immer wieder müssen
Emma und Jule
ihr Abenteuer erzählen.

Den Trubel findet Lotte richtig toll.
Sie macht einen lustigen Bocksprung
und wirft die Beine in die Luft.

Am liebsten würden Emma und Jule
Lotte behalten.
Aber ihr Besitzer sucht sie
sicher schon.

Emma ruft im Zoo an.
Aber kein Zebra
wird vermisst.

Und auch im Tierheim
weiß man von nichts.

Vorerst darf Lotte also
bei den Ponys bleiben!

Vor Freude stellt sich das Zebra
auf die Hinterbeine.
„Bravo!", jubelt sein Publikum.

Auf der Wiese liegt ein Fußball.
Lotte tippt ihn mit den Hufen an
und wirft ihn mit der Schnauze
in die Luft!

„Tor!" Alle klatschen,
als der Ball platschend
im Wassertrog landet.

Zum Dank knickt Lotte
mit den Vorderbeinen ein –
eine richtige Verbeugung!

Jetzt wissen Emma und Jule,
wo Lotte hingehört:
„Lotte ist ein Zirkus-Zebra!"

„Da war doch ein Plakat",
erinnert sich Jule.
Der Zirkus Zinnober
ist zu Besuch im Ort.

Zirkus Zinnober

Sofort machen sich die drei
auf den Weg.
Biene und Flocke
wiehern zum Abschied.

Das bunte Zirkuszelt
leuchtet schon von Weitem.

Ein Mädchen im rosa Glitzerkleid
läuft ihnen entgegen.
Sie stellt sich als Anna vor.

„Lara! Wir haben uns
solche Sorgen gemacht!"
Sie gibt dem Zebra einen Nasenkuss.

Lotte heißt also Lara!
„Wenigstens ein Buchstabe passt",
kichert Emma.

Lara darf zurück auf ihre Weide.
Dort wartet schon Luna,
ihre Zebra-Freundin.

Auch Ponys, Ziegen und zwei Esel
toben im Gras herum.

„Und wo sind die Tiger
und die Löwen?", fragt Jule.

Anna lacht.
„Hier gibt es keine wilden Tiere.
Nur die Zebras haben wir
vor vielen Jahren aufgenommen."

Emma und Jule dürfen
alle Tiere streicheln.

Den Artisten sehen sie
bei den Proben zu.

Clown Artur jongliert mit Äpfeln.
Als einer herunterfällt,
schnappt Bobby ihn sich.
Er ist der Frechste
aus der Hunde-Bande.

Fabio, der Magier,
will aus seinem Hut
ein Kaninchen zaubern.

Aber komisch, der Hut ist leer –
und das Kaninchen
mampft Löwenzahn im Gras!

„Heute Abend klappt es besser",
verspricht Anna.
„Da seid ihr natürlich Ehrengäste.
Und alle eure Freunde!"

Die Helden des Tages

Im Zirkuszelt sitzen die Mädchen
in der ersten Reihe.
Die ganze Familie ist dabei
und alle Freunde vom Ponyhof.

Der Zirkusdirektor
begrüßt Emma und Jule persönlich.
„Unsere Helden des Tages!",
ruft er.

Dann heißt es:

Vorhang auf für Artur

und seine Hunde-Bande!

Artur zwinkert Emma und Jule zu.

Diesmal klappt die Hunde-Dressur

wie am Schnürchen.

Als Nächstes
zaubert Fabio für das Publikum.
Ganz ohne Pannen.

Auch die Ponys und die Esel
bekommen tosenden Applaus.

Der Höhepunkt des Abends
sind Anna und die Zebras.

Anna macht einen Handstand
auf Laras Rücken –
und das im fliegenden Galopp!

Luna springt durch einen Reifen
und verbeugt sich elegant.

Dann ertönt ein Trommelwirbel.
Lara soll über
ein riesiges Hindernis springen!
„Lara, hopp!", ruft Anna.

Jule und Emma
drücken die Daumen.
Alle sind ganz still.

Aber Lara dreht sich um
und galoppiert Richtung Publikum!

Sie stupst die Mädchen
mit der Schnauze an.

„Sie will noch einmal
Danke sagen", lacht Anna.
„Das ist natürlich wichtiger
als so ein Kunststückchen!"

Da gibt es für die Mädchen
noch einmal Applaus
und für die Zebras
eine Karotte extra.

Henriette Wich

Der Familienhund

Mit Bildern von Betina Gotzen-Beck

Simons größter Wunsch

„Wünsch dir was!", sagt Mama.
Simon pustet die Kerzen aus.
Heute wird er acht und weiß genau,
was er will: einen Hund!

Aber die Geschenke
auf dem Tisch sind viel zu klein.
Da passt gar kein Hund rein.

Klar, denkt Simon.

Es hat wieder nicht geklappt.

Mama und Luca sagen immer,

unser Haus ist schon voll genug.

Dabei ist das neue Haus echt groß,

und sie haben jetzt einen Garten.

Außerdem sind sie doch nur zu fünft:

Mama und Simon,

Luca und seine Tochter Marlene

und Mia, die Tochter von Mama

und Luca.

Alle singen laut:
„Zum Geburtstag viel Glück!"
Dann kräht die fünfjährige Mia:
„Ich will Kuchen!"

Simon hat keinen Hunger.
Lustlos packt er die Geschenke aus.
Die Fußballsticker sind von Marlene.
Mia hat ihm ein Bild gemalt.

Im letzten Päckchen
ist eine Hundeleine.
„Was soll ich denn damit?",
fragt Simon.
Luca grinst. „Komm mal mit!
Wir haben noch
eine Überraschung für dich."
„Wo?", fragt Simon aufgeregt.

Sie gehen alle zu Nachbar Bernd.
Bernds Hündin Bonnie hat
vier Welpen bekommen.
„Du darfst dir einen Hund aussuchen",
sagt Bernd.

Simon macht einen Luftsprung.
Bonnie liegt mit zwei Welpen
im Hundekorb.

Die anderen beiden
spielen Fangen.
Der wuschelige braune Hund
ist schneller als der schwarze.
Er rast los wie ein Fußballstürmer
und kugelt über seinen Bruder.
„Den will ich haben!", sagt Simon.

Bernd fängt den Welpen ein.
Der strampelt und möchte runter.
„Hallo Kleiner!", sagt Simon.
„Kommst du zu mir?"

Der Hund sieht Simon
mit großen braunen Augen an.
Dann streckt er ihm
seine rechte Pfote entgegen.

Simon nimmt den Welpen
vorsichtig auf den Arm.
Er ist weich wie ein Schmusepulli.
Sein kleines Herz
pocht ganz schnell.
„Na, du?", sagt Simon leise.
Plötzlich schleckt der Welpe
Simons Gesicht ab.
„Lass das!", ruft Simon und lacht.

Mia zupft an Simons Hose.
„Darf ich ihn mal streicheln?"
„Ich auch", bettelt Marlene.
Der Hund lässt sich
von allen kraulen.
„Er mag euch", freut sich Bernd.
„Jetzt braucht er nur noch
einen Namen."

„Wie wäre es mit Avanti?",
schlägt Luca vor.
„So sagt man bei uns
in Italien zu ‚Stürmer'."
Simon findet den Namen
richtig gut.
„Hallo, Avanti!"
Der kleine Hund spitzt die Ohren.

Stürmer im Einsatz

Avanti erobert den Garten.
Er flitzt von einer Ecke zur anderen.
Er schnuppert an jedem Baum,
jedem Strauch und am
Komposthaufen.

Simon rennt überall mit.
Gut, dass er selber Stürmer
im Fußballverein ist.

Mittags haben die beiden Stürmer
einen Riesenhunger.
Avanti frisst seinen neuen Napf
bis auf den letzten Krümel leer.

Dann legt er den Kopf
auf Simons Schoß
und will Nudeln haben.
„Nein!", sagt Simon streng.
Luca lächelt.
„Du machst das
richtig gut."

„Ich glaube, Avanti möchte
mit mir kuscheln",
behauptet Marlene.
„Nein!", sagt Mia.
„Er will Puppen spielen."
Simon schüttelt den Kopf.
„Avanti muss dringend
Gassi gehen."
„Wau!", macht der Hund
und kratzt an der Tür.
Simon holt die Leine.

Avanti findet alles aufregend:
die Gehsteige, die Zäune,
den Metzger und den Spielplatz.
Begeistert pinkelt er
an jeden zweiten Laternenpfahl.

Im Park übt Simon die Sachen,
die Bernd ihm gezeigt hat.
„Sitz!", ruft er und drückt dabei
Avantis Hinterteil nach unten.
Simon muss den Befehl
ganz oft wiederholen.
Endlich klappt es.

Simon will auch noch
„Platz" und „Komm" üben.
Da wirft sich Avanti
auf den Rasen und streckt
alle viere von sich.
Erst jetzt merkt Simon,
wie spät es schon ist.
Nach dem Abendessen
hüpft Avanti in seinen Hundekorb
und schläft sofort ein.
Simon gähnt.
Mann, war das anstrengend!

Am nächsten Morgen ist Avanti
schon um sechs Uhr wach.
Simon stöhnt:
„Wir haben doch Sommerferien!"

Nach dem Frühstück geht es
raus in den Garten.
Diesmal darf Avanti alleine toben.
Simon probiert einen neuen Trick
mit seinem Fußball aus.

Später kommt Avanti
mit der Leine angerannt.
Simon macht eine kleine Runde
mit ihm und übt „Sitz" und „Platz".
Danach darf Avanti
im Garten weitertoben.

Simon hat heute auch
nichts dagegen,
dass Marlene und Mia
den Hund streicheln.
Avanti bleibt ja jetzt
für immer bei ihnen.
Am Abend gähnt Simon wieder.
Mann, war das anstrengend!

Am dritten Tag kommt Felix vorbei.
Simon führt ihm stolz
den neuen Fußballtrick vor.
Danach kicken die beiden
im Garten.
Avanti läuft ihnen
zwischen die Füße
und knurrt den Ball an.
„Lass das!", ruft Simon.
„Du kannst ruhig mal
alleine spielen."
Avanti sieht sein Herrchen
traurig an. Dann saust er davon.

Simon und Felix kicken weiter.
Irgendwann sagt Felix:
„Im Internet gibt es
ein neues Fußballspiel."
Die Jungen gehen
in Simons Zimmer.
Das Spiel ist total spannend.
Plötzlich steht Mama vor ihnen.
„Simon! Ich hab schon dreimal
nach dir gerufen. Du hast Avanti
kein Futter gegeben. Und ich musste
mit ihm Gassi gehen.
Das ist eigentlich deine Aufgabe."
Simon ist sauer.
Er kann sich doch nicht
ständig um den Hund kümmern!

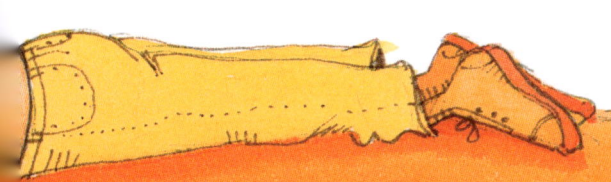
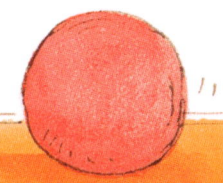

Ein Geschenk für Marlene

Am nächsten Tag ist Avanti
wieder um sechs Uhr wach.
Da hat Simon eine Idee.
Er schleicht mit seinem Hund
ins Zimmer von Marlene und Mia.
„Weck Marlene auf", flüstert er.
Avanti fährt mit seiner Zunge
über Marlenes Nase.
„Igitt!", kreischt Marlene.
Dann kichert sie.
„Ach, du bist es, Avanti!"

Simon macht ein feierliches Gesicht.
„Ich schenke dir Avanti!"
Marlene fällt Simon um den Hals.
„Danke, danke, danke!"

Simon verschwindet lieber,
bevor sie ihn auch noch
abknutscht.
Auf einmal wird Simon traurig.
Avanti fehlt ihm jetzt schon.
Schnell geht er aus dem Zimmer.

„Willst du mein Baumhaus sehen?",
fragt Marlene.
„Wau!", macht Avanti.
Marlene trägt den Welpen hinauf.

Avanti kratzt an einem Holzbalken.
Er will gleich wieder runter.
„Ich hab schon verstanden",
seufzt Marlene.
Sie rennt mit Avanti
durch den Garten.

Danach geht sie mit ihm Gassi
und zeigt ihm die schönsten Blumen.
„Und jetzt ruhen wir uns
ein bisschen aus", sagt Marlene.
„Komm mit in die Hängematte!"
Avanti findet die Hängematte toll.
Er schaukelt wild hin und her.
Marlene kichert.

Aber dann will sie ein Buch lesen.
Mit einem Satz springt Avanti
aus der Hängematte.
Marlene muss wieder
hinter ihm her rennen.

Beim Abendessen
ist sie völlig platt.
„War es bei dir auch
so anstrengend?", fragt sie Simon.
„Nö, wieso?",
schwindelt Simon.

Heute geht Marlene freiwillig
früh mit Mia schlafen.
Ihre kleine Schwester tappt
barfuß zu ihr rüber.
„Darf Avanti in mein Bett?"
„Warum nicht?", sagt Marlene.
„Du, ich schenke dir Avanti."
„Juhu!", jubelt Mia.

111

Der Ausreißer

Mia und Avanti wachen
beide ganz früh auf.
„Komm", sagt Mia leise.
„Jetzt spielen wir Puppen."

In der Puppenküche
gibt es Kekse zum Frühstück.
Die findet Avanti super.
Aber den Sonnenhut mag er
gar nicht.

Mia macht ein strenges Gesicht.
„Lotte hat auch ein Kleid an.
Ihr sollt doch hübsch sein,
wenn wir spazieren fahren."

Mia setzt Avanti neben Lotte
in den Puppenwagen.
„Los geht's!"
Sie schiebt den Puppenwagen
hinaus in den Garten.

Der Wagen rumpelt
über einen Stein.
Avanti fällt um und winselt.
„Keine Angst!", sagt Mia.
Avanti gewöhnt sich
an das Schaukeln
und wedelt mit dem Schwanz.
Mia lacht. „Siehst du?
Das macht Spaß!"
Nach der zweiten Runde
hat Avanti genug.
Er will aus dem Wagen,
rutscht aber mit den Pfoten ab.
„Bleib schön sitzen",
sagt Mia
und fährt weiter.

Avanti zerrt an seinem Hut
und reißt ihn herunter. Ratsch!
Mia schimpft: „Du hast
den schönen Hut kaputt gemacht!"
Avanti bellt.
Dann beißt er Lotte ins Bein.
„Blöder Hund!", sagt Mia.
Sie setzt Avanti auf den Rasen
und fährt mit ihrer Puppe
zurück ins Haus.

„Arme, arme Lotte!"
Mia klebt ein blaues Pflaster
auf Lottes Bein.
Über das Loch im Sonnenhut
kommt auch ein Pflaster.

Mia geht mit Lotte auf dem Arm
auf die Terrasse hinaus.
Der Rasen ist leer.
„Avanti!", ruft Mia.
„Wo bist du?"
Plötzlich sieht sie,
dass das Gartentor offen steht.

Mia rennt in die Küche.

Dort sitzen Simon und Marlene
beim Frühstück.

Mama und Luca schlafen noch.

„Avanti ist weg!", ruft Mia.

„Ich glaube, er ist raus
auf die Straße."

Simon und Marlene springen
von ihren Stühlen hoch.

„Warum hast du nicht
aufgepasst?",
fragt Simon wütend.

Mia hat Tränen in den Augen.

„Ihr hättet auch aufpassen
können!"

„Streitet euch nicht", sagt Marlene.

„Wir müssen Avanti suchen!"

Zu dritt rennen sie los,
hinaus auf die Spielstraße.
Sie rufen laut: „Avanti!"
Sie suchen den ganzen Park ab.
Sie suchen auf dem Spielplatz.
Kein Avanti.

Plötzlich hat Simon eine Idee.
„Ich weiß, wo er sein könnte!"
Er läuft mit seinen Schwestern
zum Metzger.

Und wer macht da brav Platz
vor der Theke? Avanti!
Der Metzger schenkt ihm gerade
ein Wiener Würstchen.
Happs! Schon hat er es
aufgefressen.

„Avanti, komm!"
Simon klopft auf sein Bein.
Avanti springt an Simon hoch.
„Du darfst nicht einfach
weglaufen", sagt Marlene.
Mia streichelt Avanti.
„Wir haben dich doch lieb!"

Simon, Marlene und Mia bringen
Avanti nach Hause.
„Wo wart ihr denn?",
fragt Luca.
Aufgeregt erzählen die Kinder,
was passiert ist.
Avanti rast schon wieder los
wie ein Stürmer.
Luca kratzt sich am Kopf.
„Avanti ist echt ein Wirbelwind.
Der braucht mehr als ein Herrchen."

Plötzlich sagt Mama:
„Ich weiß, was wir machen!
Ab sofort kümmern wir uns
abwechselnd um ihn."
„Ja!", rufen Simon, Marlene und Mia.
Simon krault Avanti unterm Kinn.
„Willst du unser Familienhund sein?"
„Wau!", macht Avanti und wedelt
begeistert mit dem Schwanz.

Leserabe
Leserätsel

Rätsel 1

Ein Zebra auf dem Ponyhof

Welches Wort stimmt? Kreuze an!

Die Ponys heißen Biene und
- ○ Flecki.
- ○ Flocke.
- ○ Flachs.

Die Reitlehrerin ruft den
- ○ Tierbändiger.
- ○ Tierpfleger.
- ○ Tierarzt.

Der Magier heißt
- ○ Fabio.
- ○ Fabian.
- ○ Felix.

Rätsel 2

Ein Zebra auf dem Ponyhof

Findest du die richtige Seite? Trage die Zahl ein!

Auf Seite ＿＿ steht einmal **Galopp**.

Auf Seite ＿＿ steht einmal **Picknick**.

Auf Seite ＿＿ steht einmal **Halstuch**.

Der kleine Tiger findet einen Freund

Rätsel 3

Welche Buchstaben fehlen im Raster?
Fülle die Kästchen aus! Schreibe Großbuchstaben:
Katze → KATZE

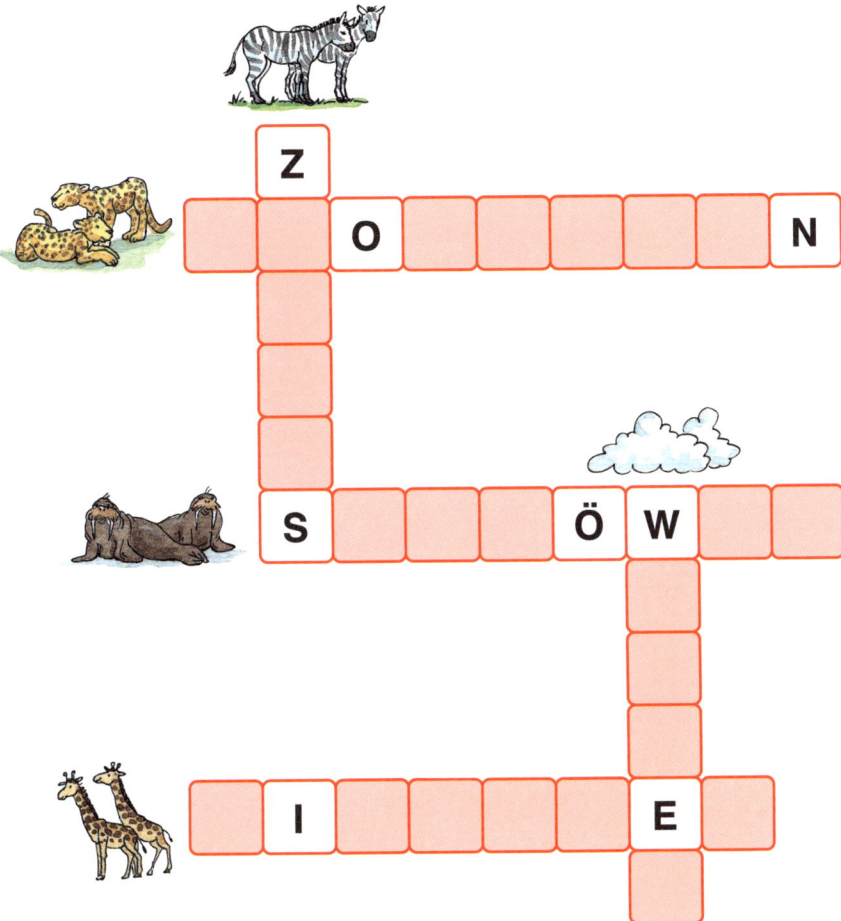

Leserabe
Rabenpost

Rätsel 4

Der Familienhund

Fülle die Lücken aus. Trage die Buchstaben in die richtigen Kästchen ein. So findest du das Lösungswort für die Rabenpost heraus!

Simon wünscht sich einen

	U		
		9	

. (Seite 86)

Luca nennt den Welpen

A					I
				5	

. (Seite 95)

Marlene schaukelt den Welpen in der

	Ä			M				
7			8					

.
(Seite 109)

Die Kinder finden den Welpen beim

M						
					3	

.
(Seite 119)

Lösungswort

W	Ü	S	C		
	3	5	7	8	9

Hast du das Lösungswort herausgefunden?
Dann kannst du jetzt tolle Preise gewinnen.

Gib das Lösungswort auf der -Website
ein oder schick es mit der
Post an folgende Adresse:

An den Leseraben
Rabenpost
Postfach 2007
88190 Ravensburg
Deutschland

Lösungswort

An
den LESERABEN
RABENPOST
Postfach 2007
88190 Ravensburg
Deutschland

**Bitte frage
deine Eltern!***

Leserabe

Lesen lernen wie im Flug!

In drei Stufen vom Lesestarter zum Leseprofi

Vor-Lesestufe
Ab Vorschule

ISBN 978-3-473-46022-9

ISBN 978-3-473-46023-6

ISBN 978-3-473-46024-3

1. Lesestufe
Ab 1. Klasse

ISBN 978-3-473-46025-0

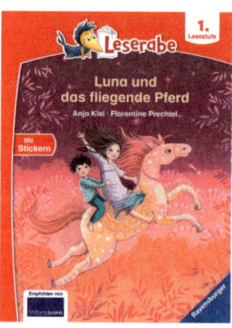

ISBN 978-3-473-46026-7

ISBN 978-3-473-46027-4

2. Lesestufe
Ab 2. Klasse

ISBN 978-3-473-46028-1

ISBN 978-3-473-46029-8

ISBN 978-3-473-46066-3

ERZ 21 003